P'tite pomme

J'aime la galette !

Écrit par Delphine Gilles Cotte
Illustré par Gwenaëlle Doumont

Magnard Jeunesse

À mes voisins paysans.
(D. G.C.)

À l'auteur, Delphine, qui a su me faire confiance.
(G. D.)

Cherche-moi sur chaque page !

5, allée de la 2e D.B. - CS 81529 - 75726 Paris 15 Cedex
www.magnardjeunesse.fr

Loi n° 49-956 du 16-07-1949 sur les publications destinées à la jeunesse.
Dépôt légal : Novembre 2015 - N° éditeur : 2015_1234
N°ISBN : 978-2-210-96226-2
Achevé d'imprimer en octobre 2015 par Pollina - L73942

IMPRIM'VERT® PEFC 10-31-2065

Avant, quand j'étais petite, je préparais toujours la galette des rois avec mon Papy mouton.

Papy me confiait le joli panier en osier de mamie et m’envoyait faire les courses.

D'accord, papy !

Les ingrédients ne se trouvaient pas
du tout dans un magasin, mais chez
nos voisins.
En premier, j'allais chez madame
Poussin, qui élevait des poules.

Bien sûr, P'tite pomme, sers-toi dans le poulailler !

Je ramassais six gros œufs, puis j'allais dire au revoir à madame Poussin.

J'ai pris une grande résolution :
cette année, moi aussi je prends l'air !
POULES ÉLEVÉES EN PLEIN AIR !

Ensuite, je me rendais chez monsieur Duchamp. Il fabriquait une bonne farine, et son pain était délicieux.

Bien sûr, sers-toi dans le moulin.

À mon retour, le petit camion
de boulangerie de monsieur Duchamp
avait disparu…

Cette année, fini les kilos en trop ! Je livre le pain à vélo !

Après, je devais encore aller chez
Josette, à la ferme juste à côté.
Ça sentait très fort la bouse de vache…

Il faisait drôlement frisquet dans cette pièce. C'est sans doute pour ça que le beurre était bien frais !

Puis j'allais retrouver Josette dans l'étable. Elle devait traire les vaches.

J'ai pris une bonne résolution : désormais, je travaille en musique !

Enfin, il fallait rendre visite à Reine, l'amie un peu fofolle de mamie. Avec son grand potager, elle était toujours débordée.

Bien sûr, ma jolie !
Monte vite au grenier !

En sortant du grenier, je voulais embrasser Reine pour la remercier. Elle n'était déjà plus dans la maison…

Sur le chemin du retour, j'avais des idées plein la tête. Moi aussi, je voulais changer des choses !

À la maison, le four chauffait déjà. Papy mouton m'attendait avec ma petite sœur Fanny. Ils étaient impatients de cuisiner !

Les bonnes choses ça se mérite, P'tite pomme !

Papy mouton pesait alors tous les ingrédients. Et moi, je mélangeais la pâte dans le grand saladier. Hum, ça sentait bon ! On allait se régaler !

Et pendant que la galette cuisait, je fabriquais une belle couronne des rois.

À l'heure du goûter, nous invitions tous les voisins pour manger la galette avec nous. Mamie bonne avait acheté du cidre et préparé une jolie table. C'était la fête !

Je suis la reine !!!
Délichieux !

Maintenant, j'ai grandi et moi aussi, cette année, j'ai pris une bonne résolution !

Je crois que je vais manger un peu moins de bonbons...

Les 8 bonnes résolutions de P'tite pomme

1. Jouer à la dînette avec Fanny.

2. Manger des brocolis.

3. Ranger ma chambre.

4. Oublier la télé.

5. Me réconcilier avec Myrtille.

6. Gagner aux billes plus souvent.

7. Ne plus embêter le chien.

8. Faire du piano.

Cette histoire t'a plu ? Découvre vite les autres !

mes premières lectures
dès 6 ans

Des histoires rythmées et faciles à lire pour faire ses premiers pas dans la lecture.

Tu es bon lecteur ? Tu es en CE1 ? Découvre aussi...

mes premiers romans
dès 7 ans

Des romans courts qui donnent vraiment envie de lire tout seul !

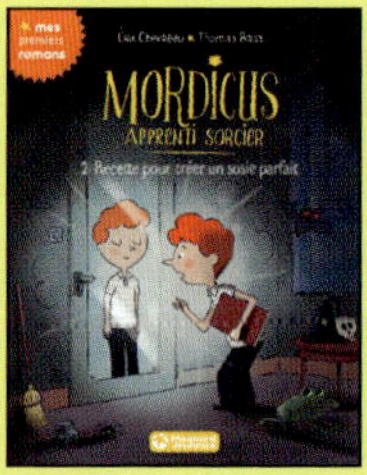

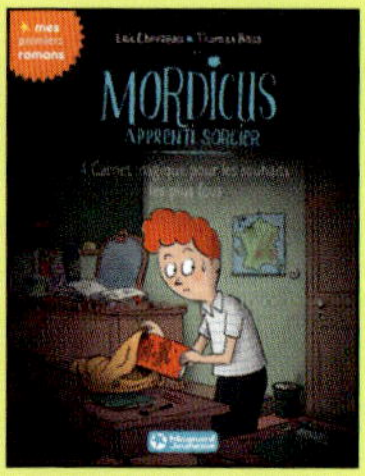

Tous ces livres existent en version numérique.